Mixed Double
Cocktails von Ernst Lechthaler
mit Likörellen von Udo Lindenberg

Nur die Dosis macht das Gift!

Mixed Double

Cocktails von

Ernst Lechthaler

mit Likörellen von

Udo Lindenberg

Droemer Knaur

Alkoholhaltige Getränke sollten ein Genuß sein
und sie sollten Spaß bereiten;
jedoch kein Spaß ohne das richtige Maß.
Die Konsequenz: Verantwortung zeigen im Umgang mit
Alkohol!

DIFA FORUM e.V.
(Deutsche Initiative zur Förderung eines verantwortungsvollen Umgangs mit alkoholhaltigen Genußmitteln)

1. Auflage 1997
© Droemersche Verlagsanstalt Th. Knaur Nachf.,
München 1997
Das Werk einschließlich aller seiner Teile ist urheberrechtlich geschützt. Jede Verwertung außerhalb der engen Grenzen der Urheberrechtsgesetzes ist ohne Zustimmung des Verlages unzulässig und strafbar. Das gilt insbesondere für Vervielfältigungen, Übersetzungen, Mikroverfilmungen und die Einspeicherung und Verarbeitung in elektronischen Systemen.
Gestaltung und Herstellung: Gesa Streich, München
Reproduktion: PHG Lithos, Martinsried bei München
Umschlaggestaltung: Siegfried Schiller, München
Druck: Druckerei Appl, Wemding
Bindung: R. Oldenbourg, Kirchheim
Printed in Germany
ISBN 3-426-27005-6

5 4 3 2 1

Sunrise

High Noon

Happy Hour

Dinner

Nighttime

Sunrise

Alkoholfreie Drinks – Anti-Kater-Mixturen

Joggtail

1 cl Zitronensaft,
frisch gepreßt

8 cl Grapefruitsaft

8 cl Ananassaft

1 cl Mandelsirup

Im Shaker schütteln.

In das zu 1/3 mit crushed ice
gefüllte Glas abseihen.

Deko: Einen Zweig frische Minze
und einen Schnitz Grapefruit
in den Drink stecken.

Trinkhalm

Das Trinken lernt der Mensch zuerst,
viel später erst das Essen,
drum soll er aus Dankbarkeit
das Trinken nicht vergessen.

Sportsman

Sportsman

Im Shaker schütteln.

**1 cl Zitronensaft,
frisch gepreßt**

In das zu 1/3 mit crushed ice

8 cl Orangensaft

gefüllte Glas abseihen.

12 cl Hitchcock Ananassaft

Deko: 1/2 Orangenscheibe und

0,5 cl Grenadinesirup

eine Maraschinokirsche mit Stiel
auf den Drink legen.

Trinkhalm

Positiv thinking durch positiv drinking.

10

Bodyguard

1 cl Limettensaft, frisch gepreßt
6 cl Orangensaft
4 cl Ananassaft
6 cl Maracujasaft
1 cl Mangosirup

Im Shaker schütteln.
In das zu 1/3 mit Eiswürfeln gefüllte Glas abseihen.
Deko: Eine Scheibe Sternfrucht auf den Glasrand stecken.
Trinkhalm

> Die einen leben für das Plaisir de vivre,
> und die anderen leben gezwungenermaßen.
> Zino Davidoff

Coconut Kiss

4 cl Hitchcock Orangensaft

12 cl Ananassaft

3 cl Kokosnußsirup Riemerschmid

1 cl Sahne

Im Shaker schütteln.
In das zu 1/3 mit crushed ice gefüllte Glas abseihen.

Deko: 1/2 Orangenscheibe und eine Maraschinokirsche mit Stiel auf den Drink legen.

Trinkhalm

Es gibt niemanden, der nicht ißt und trinkt, aber nur wenige, die den Geschmack zu schätzen wissen.
Konfuzius

Mango Mix

Mango Mix

16 cl frische Milch
2 cl Mangosirup
1/8 reife Mango
etwas schwarzer Pfeffer

Im Mixer mit zwei Eiswürfeln gut durchmixen. In ein vorgekühltes Glas gießen.

I fear the man who drinks water and so remembers this morning what the rest of us said last night.

Vitamin Schock

Die frisch gepreßten Säfte
                                           6 cl Selleriesaft
in ein vorgekühltes
                                           8 cl Apfelsaft
Glas gießen.
                                           6 cl Rote-Bete-Saft
Einmal umrühren.
                                           6 cl Möhrensaft

Udos Power Mix
                                     Apfelsaft, frisch gepreßt
                                     Möhrensaft, frisch gepreßt
                                     Ingwerwurzel, durchgepreßt

**Eine Short Story kann mit der Flasche geschrieben werden,
aber für einen Roman braucht man geistige Präsenz,
man muß den ganzen Plan im Kopf haben.**
                                                Francis Scott Fitzgerald

Katerkiller

Lechthalers Katerkiller

Die Zutaten der Reihe nach

8 cl Tomatensaft

in ein Glas auf Eiswürfel gießen.

12 cl Consommé double
(doppelte Kraftbrühe), kalt

Nach Geschmack würzen.

Selleriesalz oder etwas frisch
gepreßter Selleriesaft aus 1 Stange

Gut verrühren.

Tabasco

Deko: Eine Stange Sellerie zum

Paprikapulver

Mitessen in den Drink geben.

Worcester-Sauce
schwarzer Pfeffer

Jetlag
5 cl weißen Tequila zugeben

Der Rausch ist der große Jasager und die Nüchternheit der große Neinsager, der Kater aber die Differenz zwischen beidem: der Schmerz der Erkenntnis.

Bull Shot

Bull Shot

Im Shaker schütteln.
12 cl Consommé double
(doppelte Kraftbrühe), kalt
In das vorgekühlte
5 cl Wodka
Glas abseihen.
Selleriesalz
Pfeffer aus der Mühle

Consommé schon beim Kochen abschmecken!
(Es gibt bereits fertige doppelte Kraftbrühe im Handel.)

Dieser Drink kann auch heiß zubereitet und serviert werden.

Der Kater als physisches,
der Katzenjammer als psychisches Leiden.

Udos pick me up

Im Shaker
3 cl Orangensaft
ohne Champagner schütteln.
1 cl Zitronensaft,
frisch gepreßt
In das vorgekühlte Glas abseihen.
1 cl Mangosirup
Riemerschmid
Mit gekühltem Champagner
2 cl Pusser's Rum
auffüllen.
Champagner
Einmal umrühren.

Der überflüssigste Ratschlag nach einer durchzechten
Nacht ist der, man hätte nicht so viel trinken sollen.
August F. Winkler

Realität ist nur eine
Illusion, die sich durch
Mangel an Alkohol
einstellt.

Bloody Mary

14 cl Tomatensaft

2 cl Zitronensaft, frisch gepreßt

5 cl Wodka

Salz, schwarzer Pfeffer

Tabascosauce

Worcester-Sauce

Im Rührglas verrühren.

Nach Geschmack würzen.

In das vorgekühlte Glas abseihen.

Deko: Eine Gurkenscheibe auf den Glasrand setzen, eine Stange Sellerie dazureichen.

Dieser Drink kann auch im Glas auf Eiswürfeln verrührt werden.

Virgin Mary
ohne Wodka

Unmittelbar läßt sich über den Rausch nicht schreiben.
Der Rausch rächt sich, indem er verschwindet.
Kostis Papajorgis (griechischer Philosoph)

Apotheke

Lechthalers Apotheke

Im Rührglas verrühren.

5 cl Branca Menta

In das Glas abseihen.

1 cl Fernet Branca
1 dash Angostura

Dieser Drink kann auch im Glas auf crushed ice serviert werden. Deko: Einen Zweig frische Minze in den Drink stecken.

Kurzer, dicker Trinkhalm

**Trink, was klar ist,
iß, was gar ist,
sprich, was wahr ist.
Dr. Martin Luther**

High Noon

Champagner-Früchte-Drinks – Longdrinks

Bellini

Im Rührglas das Pfirsichmark

Pfirsichmark von reifen weißen Pfirsichen, durchpassiert (1/2 Pfirsich pro Drink)

mit einem kleinen Schuß

Prosecco, gekühlt

Prosecco verrühren.

evtl. einige Spritzer Zuckersirup

In das vorgekühlte Glas abseihen.
Mit Prosecco auffüllen.
Einmal umrühren.

Es gibt kein schöneres Gefühl als den Durst,
kurz bevor man die Bar betritt.
  Peter Ustinov

28

Champagn

Champagne Picasso

Im Rührglas mit einem kleinen

1 cl Erdbeersirup

Schuß Champagner verrühren.

2 cl Aperol

In das vorgekühlte Glas abseihen.

3 cl Maracujasaft

Mit Champagner auffüllen.

**4 Barlöffel frisches Erdbeermus
(von 3 mittelgroßen Erdbeeren)**

Einmal umrühren.

Champagner

Die Wahrheit liegt im Drink allein.
Das heißt: In unseren Tagen
muß einer betrunken sein,
um Lust zu haben, die Wahrheit zu sagen.

Gin Fizz

Im Shaker (ohne Soda) schütteln.

3 cl Zitronensaft,
frisch gepreßt

In das zu 1/3 mit Eiswürfeln

1,5 cl Zuckersirup

gefüllte Glas abseihen.

5 cl Gin

Einen Schuß Soda zugeben.

Soda

Deko: Eine Zitronenscheibe auf den Glasrand stecken.

Trinkhalm

I don't know anything about art, but this is a damned good Gin Fizz.

Cuba Libre

Den Rum in ein Glas

6 cl Havana Club Rum

auf Eiswürfel gießen.

1/4 Limette

Mit Coca-Cola auffüllen.

Coca-Cola

Limette darüber auspressen
und hineingeben.

Einmal umrühren.

Viel Essen macht viel breiter und hilft zum Himmel nicht
Es kracht die Himmelsleiter, kommt so ein schwerer Wicht.
Das Trinken ist gescheiter, das schmeckt schon nach Idee,
da braucht man keine Leiter, das geht gleich in die Höh'!
Joseph Freiherr von Eichendorff

Harvey Wallbanger

Die Zutaten der Reihe nach

12 cl Orangensaft, frisch gepreßt

in ein Glas auf Eiswürfel gießen.

5 cl Wodka

Ein Orangenviertel über dem Drink

1,5 cl Galliano

auspressen und hineingeben.

Einmal umrühren.

Trinkhalm

Screwdriver
ohne Galliano

Ich ahnte nicht, daß alles Tun in dieser Welt der Männer mit dem Alkohol verknüpft war. Jack London

Horse's Neck

5 cl Bourbon Whiskey

1 Spritzer Angostura

Schweppes Ginger Ale

Die Zutaten der Reihe nach in ein Glas auf Eiswürfel gießen.

Kurz umrühren.

Deko: Eine Zitronenspirale in das Glas geben.

Pimm's Cup

5 cl Pimm's

Schweppes Ginger Ale

Deko: Eine Zitronenschale, ein Stück Gurkenschale und einen Zweig frische Minze in den Drink geben. (Auch Apfelstücke möglich.)

Trinkhalm

Nothing makes a woman look better than three cocktails inside a man.

Mint Julep

Mint Julep Bourbon

Minzeblätter und Würfelzucker
6 bis 8 frische Minzeblätter
in das Glas geben.
2 Würfelzucker
Bourbon dazugießen.
5 cl Bourbon Whiskey
Mit einem Stößel zerdrücken.
Mit crushed ice auffüllen.
Von oben nach unten gut verrühren.

Trinkhalm

**Alkohol steigert das Wollen,
aber mindert das Können.**

Mojito

3 cl Limettensaft, frisch gepreßt
6 bis 8 frische Minzeblätter
1,5 cl Rohrzuckersirup
oder 2 Barlöffel reiner Rohrzucker
6 cl Havana Club Rum
1 Schuß Soda

Limettensaft, Minzeblätter und Zuckersirup in ein Glas geben.

Mit dem Stößel die Minzeblätter etwas zerdrücken.

Rum dazugießen.

Das Glas mit Eiswürfeln auffüllen. Mit einem Schuß Soda abspritzen. Einmal verrühren.

Deko: Einen Zweig frische Minze in den Drink stecken.

Trinkhalm

Der Alkohol ist ein Erlöser von der Erinnerung und ein Auslöser von Erinnerungen. Ein Mittel, das Verfließen des Augenblicks zu verlangsamen, ihn fast festzuhalten, und eines, die Zukunft mit Vergangenem zu überschwemmen und gelegentlich das eine für das andere zu halten.

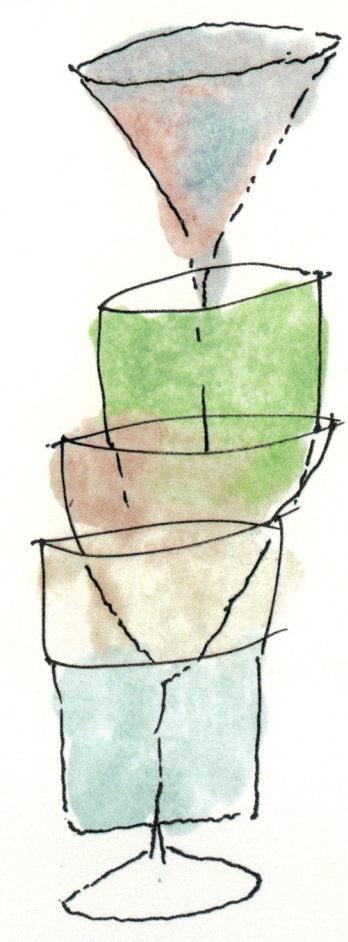

Planters Punch all' Ernesto

1 cl Zitronenensaft, frisch gepreßt

4 cl Orangensaft

8 cl Hitchcock Ananassaft

0,5 cl Grenadinesirup

3 cl weißer Rum

3 cl Myers's Rum

Im Shaker schütteln.

In das zu 1/3 mit Eiswürfeln gefüllte Glas abseihen.

Deko: 1/4 Scheibe frische Ananas auf den Glasrand stecken.

Eine Maraschinokirsche mit Stiel auf den Drink legen.

Trinkhalm

An einem Rausch ist das schönste der Augenblick, in dem er anfängt.
Kurt Tucholsky

Pankow Punch

2 cl Orangensaft
2 cl Roses Lime Juice
6 cl Ananassaft
3 cl weißer Rum
3 cl Myers's Rum
2 cl Captain Morgan Rum (73%)
2 cl Bols Apricot Brandy
0,5 cl Grenadinesirup

Im Shaker schütteln.
In das zu 1/3 mit crushed ice
gefüllte Glas abseihen.
Ein Limettenviertel über dem Drink
auspressen und hineingeben.
Deko: Eine Orangenscheibe
auf den Drink legen.
Trinkhalm

44

Jeder Mensch, der trinkt,
will sich oder seine Sicht der Welt ändern,
was ja aufs selbe rauskommt.

Singapore

Singapore Sling

1 cl Limettensaft, frisch gepreßt
12 cl Ananassaft
5 cl Gin
2 cl Bols Cherry Brandy
1 dash Angostura
1 dash Benedictine
0,5 cl Grenadinesirup

*Im Shaker schütteln.
In das zu 1/3 mit Eiswürfeln gefüllte Glas abseihen.
Deko: Einen Zweig frische Minze in den Drink stecken und eine Scheibe Limette auf den Glasrand setzen.
Trinkhalm*

Trinkt man zuwenig, geht man die Wände hoch,
trinkt man zuviel, wird man betrunken,
trifft man den magischen Moment, schwebt man!
Humphrey Bogart

Tom Collins

Die Zutaten (ohne Soda) der Reihe nach in ein Glas mit Eiswürfeln gießen.

3 cl Zitronensaft, frisch gepreßt
1,5 cl Zuckersirup
5 cl Gin

Mit Soda auffüllen.

Soda

Einmal umrühren.

Deko: Eine Zitronenscheibe und zwei Maraschinokirschen in den Drink geben.

Trinkhalm

Joe Collins
mit Wodka statt mit Gin

> Realität ist nur eine Illusion, die sich durch Mangel an Alkohol einstellt.
> Udo Lindenberg

Tequila Sunrise

12 cl Orangensaft
6 cl Tequila Silla
1 cl Grenadinesirup

Im Shaker (ohne Grenadinesirup) schütteln.
In das zu 1/3 mit crushed ice gefüllte Glas abseihen.
Den Grenadinesirup zum Schluß über den Drink gießen (setzt sich ab).

Deko: Ein Limettenviertel über dem Drink auspressen und in das Glas geben.

Trinkhalm

Ich weiß nicht, ob ich trinke, weil mich meine Frau verlassen hat – oder ob meine Frau mich verlassen hat, weil ich soviel trinke.
Aus dem Film »Leaving Las Vegas«

Sunset

6 cl Maracujasaft
3 cl Wodka
2 cl Bols Misty Peach
0,5 cl Grenadinesirup
Sekt, gekühlt

Im Shaker (ohne Grenadinesirup und Sekt) schütteln.

In das zu 1/3 mit crushed ice gefüllte Glas abseihen.

Mit Sekt auffüllen.

Grenadinesirup vorsichtig über den Drink gießen (setzt sich ab).

Deko: Einen Zweig frische Minze in den Drink stecken und eine Orangenscheibe auf den Glasrand setzen.

Trinkhalm

Die Kirchen, die ich in meinem Leben besucht habe, hatten schöne Tresen, freundliches Personal und nahmen keine Spenden, sondern Kreditkarten. — John Houston

Fellini

1 cl Zitronensaft, frisch gepreßt
1 cl Mandelsirup
6 cl Ananassaft
8 cl Grapefruitsaft
4 cl Aperol

Im Shaker schütteln.
In das zu 1/3 mit crushed ice gefüllte Glas abseihen.
Deko: Einen Schnitz Grapefruit und einen Zweig frische Minze in den Drink stecken.

Trinkhalm

Dem Trockenen macht Gott alles schwerer.
Horaz

Magic

8 cl roter Traubensaft
2 cl Waldhimbeergeist Ziegler
1 Barlöffel Mandelsirup
Champagner

Im Rührglas (ohne Champagner) verrühren.

In das mit zwei Eiswürfeln gefüllte Glas abseihen.

Mit Champagner auffüllen. Einmal umrühren.

Deko: Eine Zitronenzeste in das Glas geben.

Champagner ist wohl die glückhafteste Inspirationsquelle.
Mark Twain

Aprikot Fizz

Im Shaker (ohne Mineralwasser)

                                  3 cl Zitronensaft, frisch gepreßt

schütteln.

                                  1 cl Rohrzuckersirup

In das zu 1/3 mit Eiswürfeln

                                  2 cl Orangensaft

gefüllte Glas abseihen.

                                  5 cl Aprikosenbrand Ziegler

Mit einem Schuß

                                  Mineralwasser, gekühlt

Mineralwasser auffüllen.
Einmal umrühren.

Deko: 1/2 Orangenscheibe auf
den Glasrand stecken.

Ob ich morgen leben werde, weiß ich sicher nicht;
daß ich, wenn ich morgen leben werde, trinken werde,
ist gewiß!   Gotthold Ephraim Lessing

Litchi Dream

5 reife Litchis (hierzu eignen sich gut Dosenlitchis)

1 cl Zitronensaft, frisch gepreßt

0,5 cl Mandelsirup

3 cl Litchiwein

Champagner Demoiselle Vranken

Litchis von Schale und Kern befreien.
Zutaten mit zwei Eiswürfeln
und einem kleinen Schuß
Champagner im Mixer
gut durchmixen.
In das vorgekühlte Glas gießen.
Mit Champagner auffüllen.
Einmal umrühren.

Trink Alkohol und erwirb, trink Wasser und stirb.
Besser Alkohol getrunken und erworben,
als Wasser getrunken und gestorben.

Sex on the

Sex on the Beach

Im Shaker schütteln.
4 cl Wodka
In das vorgekühlte
1 cl Bols Misty Peach
Glas abseihen.
1,5 cl Amaretto di Saronno
4 cl Ananassaft
3 cl Zitronensaft, frisch gepreßt
1,5 cl Preiselbeersirup

Mit dem Alkohol ist es wie mit der Liebe.
Der erste Kuß ist magisch, der zweite vertraut,
der dritte schon Routine.   Raymond Chandler

Irish Coffe

Irish Coffe

4 cl Irish Whisky
2–3 Kaffeelöffel brauner Zucker
1 Tasse starker heißer Kaffee
leicht angeschlagene Sahne

Whisky erhitzen (nicht kochen).
In ein Irish-Coffee-Glas gießen.
Zucker dazugeben.
Mit heißem Kaffee auffüllen.
Verrühren, bis sich der Zucker aufgelöst hat.
Sahne vorsichtig über einen Löffelrücken gießen, so daß sich diese nicht mit dem Kaffee vermischt.

Zieglers Kaffee

5 cl Walnußgeist Ziegler
statt Irish Whisky

Der Whisky ist unter den Getränken das nützlichste, unter den Arzneien die schmackhafteste, unter den Nahrungsmitteln das angenehmste.

Plutarch

Happy Hour

Exotische Cocktails – Fancy Kreationen

Batida originale

3 cl Limettensaft, frisch gepreßt

20 g flüssiger Honig

6 cl Cachaça Pitú

Zutaten in einem Glas gut verrühren, bis sich der Honig vollständig aufgelöst hat.

Eiswürfel zugeben. Umrühren.

Deko: Eine Scheibe Limette in den Drink geben.

Batida de Coco

2 cl Kokosnußsirup

1 cl Sahne

6 cl Ananassaft

5 cl Cachaça Pitú

Im Shaker schütteln.

In das zu 1/3 mit crushed ice gefüllte Glas abseihen.

Trinkhalm

Die besten Vergrößerungsgläser sind die, aus denen man trinkt, sie haben die schlichte und ergreifende Wirkung, die Freuden dieses Lebens zu vergrößern.   Joachim Ringelnatz

Daiquiri

Im Shaker schütteln.

3 cl Limettensaft,
frisch gepreßt

In das vorgekühlte

1,5 cl Rohrzuckersirup oder
2 Barlöffel reiner Rohrzucker

Glas abseihen.

5 cl Havana Club Rum

Udos Daiquiri

3 cl Zitronensaft,
frisch gepreßt
1,5 cl Rohrzuckersirup oder
2 Barlöffel reiner Rohrzucker
3 cl weißer Rum
3 cl brauner Rum

Kein Mann trinkt zu seinem Vergnügen.
Ernest Hemingway

Frozen Daiquiri

2 cl Limettensaft, frisch gepreßt
Im Mixer mit einer Eisschaufel crushed ice etwas länger durchmixen.

1 cl Rohrzuckersirup oder
1 Barlöffel reiner Rohrzucker

In das vorgekühlte Glas geben.

6 cl weißer Rum aus Kuba

Trinkhalm

1 Spritzer Bols Maraschino

Dieser Drink wird auch Daiquiri Frappé oder Floridita Daiquiri genannt.

Eine gute Bar ist eine Hochburg der Kommunikation. Die gemeinsame Vorliebe für eine bestimmte Bar hat schon Freundschaften oder zumindest Interessengemeinschaften zwischen höchst unterschiedlichen Menschen entstehen lassen.
         Karl Rudolf

Daiquiri Varianten

Banana Daiquiri all' Ernesto

2 cl Limettensaft, frisch gepreßt
1,5 cl Bananensirup
3 cl weißer Rum
3 cl brauner Rum
1/4 reife Banane

Peach Daiquiri

2 cl Limettensaft, frisch gepreßt
1 Barlöffel Rohrzucker
(oder 1 cl Rohrzuckersirup)
2 cl weißer Rum
1 cl Misty Peach
1/4 reifer Pfirsich

Strawberry Daiquiri

2 cl Limettensaft, frisch gepreßt
1,5 cl Erdbeersirup
6 cl weißer Rum
5 Barlöffel frisches Erdbeermus

Mai Tai

3 cl Limettensaft, frisch gepreßt

2 cl Mandelsirup

3 cl weißer Rum

3 cl Myers's Rum

1 cl Bols Triple Sec Curaçao

1 cl Captain Morgan Rum 42%

Im Shaker schütteln.

In das zu 1/3 mit crushed ice gefüllte Glas abseihen.

Limettenviertel über dem Drink auspressen und hineingeben.

Deko: Einen Zweig Minze in den Drink stecken und eine Maraschinokirsche mit Stiel darauflegen.

Trinkhalm

Der Mann von Welt muß Getränke mixen und seine Freundinnen auseinanderhalten können.
Maurice Chevalier

Piña Colada

Piña Colada all' Ernesto

Im Shaker schütteln.
12 cl Ananassaft
In das zu 1/3 mit crushed ice
3 cl Kokosnußsirup
gefüllte Glas abseihen.
1 cl Sahne
Deko: 1/4 Scheibe Ananas und
3 cl weißer Rum
eine Maraschinokirsche mit Stiel
3 cl Myers's Rum
auf den Drink legen.
Trinkhalm

Strawberry Colada

12 cl Ananassaft
2 cl Kokosnußsirup
1 cl Sahne
6 cl weißer Rum
1 cl Erdbeersirup
4 Barlöffel Erdbeermus

Die Göttin hat mir Tee gekocht und Rum hineingegossen;
sie selber aber hat den Rum ganz ohne Tee genossen.
Heinrich Heine

Goya

5 reife Kumquats
3 cl Limettensaft, frisch gepreßt
1,5 cl Rohrzuckersirup Riemerschmid
6 cl Wodka
frische Minzeblätter

Die Kumquats halbieren und in das Glas geben.

Mit Eiswürfeln auffüllen.

8 bis 10 Minzeblätter hineingeben.

Übrige Zutaten dazugießen.

Von unten nach oben umrühren.

Deko: Einen Zweig frische Minze in den Drink stecken.

Trinkhalm

There are times when you never can tell what is going to happen.
One is when a man takes his first drink;
and the other is when a woman takes her latest.
    O. Henry (W. S. Porter)

Scarlett O'Hara

Im Shaker schütteln.
1 cl Zitronensaft, frisch gepreßt

In das vorgekühlte
2 cl Preiselbeersirup Riemerschmid

Glas abseihen.
3 cl Southern Comfort
3 cl Wodka

Meine Erfahrung hat mich gelehrt, daß Bars nicht von Männern besucht werden, die eine Frau suchen, sondern von solchen, die zu Hause eine haben, von der sie sich erholen wollen.
Heinz van Nouhuys

Caipirinha

1 reife Limette (ergibt ca. 3 cl Saft)

Die Limette achteln.

3 Barlöffel weißer Rohrzucker

Zutaten in ein Glas geben.

(oder 2 cl Rohrzuckersirup)

Mit einem Mörser zerdrücken.

6 cl Cachaça Pitú

Mit Eiswürfeln auffüllen.

Gut umrühren.

Alternativ mit crushed ice (Trinkhalm)

Dark Caipirinha
mit braunem Zucker

Caipiroska
Wodka statt Cachaça

Caipirinha all'Ernesto
Honig statt Rohrzucker

Wer als Wein- und Weiberhasser jedermann im Wege steht,
der esse Brot und trinke Wasser, bis er daran zugrunde geht.
Wilhelm Busch

Golden Globe

3 cl Cognac

1 cl Galliano

6 cl Orangensaft

6 cl Maracujasaft

1 cl Mangosirup

Im Shaker schütteln.

In das zu 1/3 mit crushed ice gefüllte Glas abseihen.

Deko: Eine Scheibe Sternfrucht auf den Glasrand stecken.

Trinkhalm

Everybody is somebody or looks like somebody or is looking for somebody who is somebody.

Champagn

Champagne Andrea Doria

1,5 cl Ramo D'oro (Zitronenlikör)

1 cl Triple Sec Curaçao

Champagner Demoiselle Vranken

Die Zutaten der Reihe nach in
ein Glas auf zwei Eiswürfel gießen.

Mit gekühltem Champagner auffüllen.

Einmal von unten nach
oben umrühren.

Deko: Eine Maraschinokirsche ohne
Stiel und einen Limettenschnitz in
das Glas geben.

**Ein Mensch trinkt, um in höherem
Maße das zu werden, was er schon ist.
Kostis Papajorgis**

Margarita

3 cl Limettensaft,
  frisch gepreßt

2 cl Bols Triple Sec Curaçao

5 cl Tequila Silla

Im Blender mit crushed ice mixen.

In das vorgekühlte Glas abseihen.

Deko: Ganz feiner Salzrand.

Frozen Margarita

3 cl Limettensaft,
  frisch gepreßt

2 cl Bols Triple Sec Curaçao

6 cl Tequila Silla

eine Prise Salz

Im Mixer mit einer Eisschaufel

crushed ice länger durchmixen.

In das vorgekühlte Glas geben.

(Ohne Salzrand)

Trinkhalm

A good Cocktail doesn't mean a big one.

Margarita Varianten

Strawberry Margarita

Zubereitung wie Frozen Margarita

2 cl Limettensaft, frisch gepreßt
1 cl Bols Triple Sec Curaçao
1 cl Erdbeersirup
6 cl Tequila Silla
5 Barlöffel frisches Erdbeermus
(von 3 mittelgroßen Erdbeeren)
1 Prise Salz

Peach Margarita

Zubereitung wie Frozen Margarita

2 cl Limettensaft, frisch gepreßt
1 cl Bols Triple Sec Curaçao
1 cl Misty Peach
5 cl Tequila Silla
5 Barlöffel Pfirsichmus (vom gelben
Pfirsich, frisch oder aus der Dose)

Bols Blue Bay

5 cl Bols Blue

Schweppes Bitter Lemon

Bitter Lemon in ein Glas
auf Eiswürfel gießen.
Bols Blue darübergießen.
Einmal umrühren.

Deko: Eine Zitronenscheibe auf den Glasrand setzen.

Black Lemon

4 cl Black Dream (Likör)

Schweppes Bitter Lemon

Bitter Lemon in ein Glas
auf Eiswürfel gießen.
Black Moon darübergießen.
Einmal umrühren

Nachgedacht über die Worte eines Freundes:
»Die Sonne müßte nachts scheinen, am Tage ist es doch sowieso hell.«
Wieder geweint. Rum.
                                                            Eugen Egner

Cool Man

Die Zutaten der Reihe nach
10 rote Trauben
in ein Glas auf Eiswürfel gießen.
3 cl Limettensaft, frisch gepreßt
Trauben und Minzeblätter
1,5 cl Rohrzuckersirup
dazugeben.
6–8 frische Minzblätter
Mit einem Schuß Mineralwasser
6 cl Cachaça Pitú
auffüllen.
Mineralwasser
Von unten nach oben umrühren.

Trinkhalm

84

Ich müßte lange nachdenken, ehe mir
ein interessanter Mann einfiele, der nicht trinkt.
Richard Burton

Swimming

Swimming Pool

12 cl Ananassaft
3 cl Kokosnußsirup
2 cl Sahne
5 cl Wodka Wyborowa
1 cl Bols Blue

Im Shaker (ohne Bols Blue) schütteln.

In das zu 1/3 mit crushed ice gefüllte Glas abseihen.

Bols Blue am Schluß darübergießen.

Deko: 1/8 Scheibe frische Ananas auf den Glasrand stecken.

Trinkhalm

Sorgen kann man nicht ertränken, sie können schwimmen.

Ramo d'Oro Sling

5 cl Ramo d'Oro (Zitronenlikör)

Schweppes Tonic Water

Den Ramo d'Oro in ein Glas auf Eiswürfel gießen.
Mit Tonic Water auffüllen.
Einmal umrühren.

Deko: Eine Scheibe Limette in das Glas geben.

The less I drink the more drunk I get.

Dinner

Aperitifs – Klassiker – Champagner-Cocktails

Martini Dry Cocktail

6 cl Gin, gekühlt

1 Spritzer Vermouth Extra Dry

Im Rührglas verrühren.

In das vorgekühlte Glas abseihen.

Deko: Eine große grüne Olive
(mit Stein) in den Drink geben.

Wahlweise mit einer Zitronenzeste
abspritzen.

Niemals gefüllte oder eingelegte
Oliven verwenden!
Immer ohne Sticker.

*I must get out of these wet
clothes and into a dry Martini.*
Robert Benchley

Americano

Die Zutaten der Reihe nach
3 cl Campari
in ein Glas auf Eiswürfel gießen.
3 cl Vermouth Rosso
Mit einer Orangenzeste abspritzen
ein Schuß Soda
und diese mit in das Glas geben.

Einmal umrühren.

**Ich suche die Stille, die Stille der Bar,
in der man einen stillen Drink zu sich nehmen kann.
Raymond Chandler**

Blue Cham
Blue Champagne

	Im Shaker (ohne Champagner)
0,5 cl Zitronensaft, frisch gepreßt	
	schütteln.
2 cl Bols Blue	
	In das vorgekühlte Glas abseihen.
2 cl Wodka Wyborowa	
	Mit Champagner auffüllen.
2 cl Roses Lime Juice	
	Deko: Eine Maraschinokirsche
Champagner	
	mit Stiel in das Glas geben.

94

»Haben Sie Probleme mit Alkohol?«
»Nein, ohne!«

Bronx Med

Bronx Medium

4 cl Orangensaft
3 cl Gin
1 cl Vermouth Rosso
1 cl Vermouth Dry

Im Shaker schütteln.
In das vorgekühlte
Glas abseihen.

Dieser Drink ist auch unter dem Namen Bronx Perfect bekannt.

Bronx Dry
mit 2 cl Vermouth Dry
(ohne Vermouth Rosso)

Bronx Sweet
mit 2 cl Vermouth Rosso
(ohne Vermouth Dry)

Eine anständige Bar ist die letzte Männerheimat.

Campari Shakerato

6 cl Campari

Im Shaker schütteln.
In das vorgekühlte Glas abseihen.

Deko: Mit einer Orangenzeste abspritzen und diese evtl. in das Glas geben

Campari Orange

5 cl Campari
Orangensaft, frisch gepreßt

Den Campari in ein Glas auf Eiswürfel gießen.
Mit Orangensaft auffüllen.
Einmal umrühren.

Deko: 1/2 Orangenscheibe in den Drink geben.

Er hat geschüttelt, wir sind gerührt.
Gregor von Reffori über Ernst Lechthaler

Champagne

Champagner Cocktail

1 Würfelzucker
1 Spritzer Angostura
Champagner Demoiselle Vranken

Würfelzucker mit einem Spritzer Angostura tränken und in das vorgekühlte Glas geben.

Mit Champagner auffüllen.

Deko: Mit einer Zitronenzeste abspritzen und in den Drink geben.

Kir Royal

1 Barlöffel Crème de Cassis
Champagner

Kir

mit Weißwein statt Champagner

Die Getränkequalität ist wirklich wichtig, wie die Katerforscher leidvoll erfahren haben. Ich denke da an eine Flasche Moselsekt mit feinstem Namen, die gegen drei Trinker angetreten ist …
Sie hat gewonnen.

Clover Club

Im Shaker schütteln.

3 cl Zitronensaft,
frisch gepreßt

In das vorgekühlte

1 cl Zuckersirup
Riemerschmid

Glas abseihen.

5 cl Gin
3 dashes Eiweiß
1 dash Grenadinesirup

Dieser Drink ist auch unter dem Namen Pink Lady bekannt.

Ein Alkoholiker ist ein Mensch, der es tun oder auch lassen kann, also tut er es. Charles Jackson

French 75

Im Shaker (ohne Champagner)

2 cl Zitronensaft,
frisch gepreßt

schütteln.

2 cl Gin

In das vorgekühlte Glas abseihen.

1 cl Zuckersirup

Mit Champagner auffüllen.

Champagner

Einmal umrühren.

Früher bekam der Mann eine Frau, die kochen konnte wie seine Mutter.
Jetzt bekommt er eine Frau, die trinken kann wie sein Vater.

Manhattan

Im Rührglas verrühren.
4 cl Canadian/Rye Whisky
In das vorgekühlte Glas abseihen.
2 cl Vermouth Rosso
Deko: Eine Maraschinokirsche
1 Spritzer Angostura
in das Glas geben.

Manhattan Dry
4 cl Canadian/Rye Whisky
2 cl Vermouth Extra Dry

Put two cherries in my Manhattan.
The doctor told me I should eat more fruit!

Negroni

In einem Glas mit Eiswürfeln

2 cl Campari

kurz verrühren.

2 cl Vermouth Rosso

Deko: Mit einer Zitronen- und

2 cl Gin

Orangenzeste abspritzen und diese in das Glas geben.

Auf Wunsch mit einem Schuß Soda auffüllen.

Cardinal

mit Vermouth Extra Dry
statt Veromouth Rosso

Es schadet bei manchen Untersuchungen nicht, sie erst bei einem Räuschchen durchzudenken und dabei aufzuschreiben.
Georg Christoph Lichtenberg

Pisco Sour

Pisco Sour

Im Shaker schütteln.

In das vorgekühlte Glas abseihen.

Deko: Eine Prise Zimt auf den Drink geben.

3 cl Limettensaft, frisch gepreßt
1 cl Rohrzuckersirup
3 Spritzer Eiweiß
5 cl Pisco

Averna Sour

Im Glas auf Eiswürfeln verrühren.

Deko: 1/2 Zitronenscheibe in den Drink geben.

5 cl Averna
2 cl Zitronensaft, frisch gepreßt

»Sir Winston: You're drunken!«
»Yes Madam, but tomorrow I will be sober again, and you will be still as ugly tomorrow as you are today!«

Lechthaler

Lechthalers Tropical

1,5 cl Zitronensaft, frisch gepreßt

3 cl Maracujasaft

1,5 cl Maracujasirup Riemerschmid

3 cl weißer Rum

Champagner

Im Shaker (ohne Champagner) schütteln.

In das vorgekühlte Glas abseihen.

Mit Champagner auffüllen.

Deko: Eine Maraschinokirsche mit Stiel in den Drink geben.

Jemanden, den man in einer guten Bar kennenlernt, kann kein schlechter Mensch sein.

Whiskey Sour Bourbon

Im Shaker schütteln.

3 cl Zitronensaft, frisch gepreßt

In das mit zwei Eiswürfeln

1,5 cl Zuckersirup

gefüllte Glas abseihen.

5 cl Bourbon Whiskey

Deko: 1/2 Orangenscheibe und eine Maraschinokirsche in den Drink geben.

Canadian Sour

In das vorgekühlte Glas abseihen.

Canadian/Rye Whisky statt Bourbon

Deko: Eine Maraschinokirsche auf den Glasrand setzen.

Man sollte immer eine kleine Flasche Whisky dabeihaben, für den Fall eines Schlangenbisses – und außerdem sollte man immer eine kleine Schlange dabeihaben.

W. C. Fields

Venezia

1 cl Benedictine
1 reife Erdbeere
1 kleine Zitronenzeste
Prosecco

Benedictine und Erdbeere in ein
Glas auf zwei Eiswürfel geben.
Mit Prosecco auffüllen.
Mit der Zitronenzeste abspritzen
und in das Glas geben.
Einmal umrühren.

Cup Royal

2/3 gekühlter Prosecco
1/3 gekühltes Mineralwasser
1 lange Zitronenspirale

Zitronenspirale in ein Glas mit
zwei Eiswürfeln geben.
Prosecco dazugießen.
Mit Mineralwasser auffüllen.
Mit der Zitronenspirale umrühren.

I only drink to make other people seem more interesting. — George Jean Nathan

Mandarine

Mandarinetto

Im Rührglas mit
        5 cl Mandarinensaft,
        frisch gepreßt
einem kleinen Schuß
        1 cl Mandarinenlikör
Champagner verrühren.
        1 Spritzer Erdbeersirup
In das vorgekühlte Glas abseihen.
        Champagner, gekühlt
Mit Champagner auffüllen.
Einmal umrühren.

**Der Alkohol ist, was der Mensch aus ihm macht.
Besser: was er zuläßt, daß er, der Rausch aus ihm macht.
Horst Janssen**

115

Passion Flower

2 reife Purpurgranadillas
(kleine Passionsfrüchte)

2 Barlöffel Erdbeersirup

5 cl Wodka Wyborowa, gekühlt

Die Passionsfrüchte halbieren.

Das gesamte Fruchtfleisch aushöhlen.

Die Zutaten im Shaker mit Eiswürfeln kräftig und etwas länger schütteln.
In das vorgekühlte Glas abseihen.

Drum singe, wem Gesang gegeben,
und wer's nicht kann, soll einen heben.
                      Heinz Erhard

Casa Nova

Im Rührglas verrühren.
3 cl Sherry Dry
In das vorgekühlte Glas abseihen.
2 cl Martini Bianco
Deko: Mit einer Orangenzeste
2 cl Bols Red Orange
abspritzen und diese in den Drink geben.

Manche köstliche Stunde habe ich in Bars verbracht. Die Bar ist für mich ein Ort der Meditation und der Sammlung, ohne sie könnte ich mir mein Leben nicht vorstellen.
Luis Buñuel

Nighttime

Digestifs – Nightcups

Alexander

3 cl Sahne
3 cl Brandy
3 cl Bols Crème de Cacao (braun)
Muskatnuß

Im Shaker schütteln.
In das vorgekühlte Glas abseihen.
Eine Prise Muskatnuß über den Drink reiben.

> Die Zeit heilt alle Wunden.
> Aus Napoleon ist ja mittlerweile auch ein Cognac geworden.
> Alfred Biolek

Long Island

Long Island Ice Tea

1 cl Limettensaft, frisch gepreßt	Die Zutaten der Reihe nach in ein Glas auf Eiswürfel gießen.
2 cl Roses Lime Juice	Mit Coca-Cola auffüllen.
2 cl Wodka Wyborowa	Kurz umrühren.
1 cl Triple Sec Curaçao	Deko: 1/4 Limette über dem Drink auspressen und hineingeben.
1 cl weißer Rum	
2 cl Gin	Trinkhalm
Coca-Cola	

So geht es mit Tabak und Rum:
Erst bist du froh, dann fällst du um.
Wilhelm Busch

Gimlet

Im Shaker schütteln.
5 cl Gin
In das vorgekühlte
6 cl Roses Lime Juice
Glas abseihen.

Lechthalers Gimlet
5 cl Gin
6 cl Roses Lime Juice
0,5 cl Limettensaft, frisch gepreßt

Wodka Gimlet
Wodka statt Gin

Nimm dich in acht vor Leuten, die nicht trinken.

Golden Dream

Im Shaker schütteln.
>3 cl Orangensaft

In das vorgekühlte
>3 cl Sahne

Glas abseihen.
>2 cl Bols Triple Sec Curaçao
>1 cl Galliano

Golden Cadillac
mit Bols Crème de Bananes
statt Triple Sec Curaçao

Es ist ein Spruch von alters her:
»Wer Sorgen hat, hat auch Likör.«

Grashopper

Im Shaker schütteln.

3 cl Sahne

In das vorgekühlte

3 cl Bols Crème de Cacao (weiß)

Glas abseihen.

3 cl Crème de Menthe (grün)

Zimtstange

Im Shaker schütteln

2 cl Original Goldener Zimt Likör

In das vorgekühlte

3 cl Sahne

Glas abseihen.

3 cl Crème de Cacao (braun)

Deko: Etwas Schokoladenpulver oder wahlweise Zimt über den Drink streuen.

Wer nicht genießt, ist ungenießbar.

Old Fashioned Bourbon

1 Würfelzucker
1 dash Angostura
5 cl Bourbon Whiskey
1 kleiner Schuß Soda

Würfelzucker mit Angostura tränken.
Im Glas mit einem Stößel zerdrücken.
Bourbon dazugießen.
Drei bis vier Eiswürfel hineingeben.
Einen Schuß Soda dazugeben.
Umrühren.

Deko: 1/2 Orangenscheibe,
1/2 Zitronenscheibe und eine
Maraschinokirsche mit Stiel
in den Drink geben.

Im Umfallen versuchte ich instinktiv,
die Whiskyflasche zu schützen,
ich versuchte mich auf den Rücken fallen zu lassen
und sowohl Flasche als auch Kopf oben zu behalten.
Die Flasche blieb heil, aber mein Kopf knallte voll aufs Pflaster.
              Charles Bukowski

Ladykiller

Ernest's Ladykiller

Die Zutaten der Reihe nach

3 cl Limettensaft, frisch gepreßt

ohne Früchte in ein Glas geben.

1,5 cl Rohrzuckersirup

Mit Eiswürfeln auffüllen.

6 cl Wodka Wyborowa

Gut umrühren.

5 weiße Weintrauben

Trauben und Limettenscheiben

3 Limettenscheiben

dekorativ hineinlegen.

Trinkhalm

Eine gute Bar, also eine American Bar ohne Strip und Nepp, ist eine Kammerbühne des Lebens, auf der die zarten Stücke zu zweit gespielt werden sowie sentimentale Soli. Man plaudert, wenn man Lust dazu hat, ansonsten hört man zu, denkt nach oder trinkt sich einige Meter an der Realität vorbei.

August F. Winkler

Porto Flip

1 frisches Eigelb
2 cl Zuckersirup
5 cl Port (Ruby)
Muskatnuß

*Im Mixer durchmixen.
In das vorgekühlte
Glas gießen.
Eine Prise Muskatnuß
über den Drink reiben.*

Bananen Flip

5 cl Bols Crème de Bananes statt Port
2 cl frische Sahne statt Zuckersirup
Evtl. Schoko- oder
Kakaopulver statt Muskat

Cacao Flip

Crème de Cacao statt
Crème de Bananes

Die Freundschaft, die der Alkohol gemacht,
wirkt wie der Alkohol, nur eine Nacht.
Friedrich Logau

White Lady

Im Shaker schütteln.
3 cl Zitronensaft, frisch gepreßt

In das vorgekühlte
3 cl Gin

Glas abseihen.
3 cl Cointreau

Deko: Eine Maraschinokirsche ohne Stiel in den Drink geben.

Sidecar
3 cl Zitronensaft, frisch gepreßt
3 cl Triple Sec Curaçao
3 cl Brandy
(ohne Kirsche)

Leute, die keinen Spaß am Essen und Trinken haben, haben meist keine Sinnlichkeit für andere Dinge.

Prince of Wales

1 Würfelzucker

1 dash Angostura

1 cl Cognac

1 cl Bols Triple Sec Curaçao

Champagner Demoiselle Vranken

Würfelzucker mit Angostura tränken.

In ein Glas mit Eiswürfeln geben.

Cognac und Triple Sec Curaçao

darübergießen.

Mit Champagner vorsichtig auffüllen.

Einmal umrühren.

Deko: Eine Maraschinokirsche,
1/2 Orangenscheibe und
1/2 Zitronenscheibe in das Glas geben.

Dieser Drink wird original im Silberbecher auf Eiswürfeln serviert.

Lady Astor: »Mr. Churchill, if I were your wife, I'd poison your drink.«
Winston Churchill: »If I were your husband, Madame, I would drink it.«

El Panico

El Panico

3 cl Grant's Scotch Whisky

3 cl Vermouth Martini Extra Dry

3 dash Benedictine

Im Rührglas verrühren.
In das vorgekühlte Glas abseihen.
Mit einer Zitronenzeste abspritzen.

Rusty Nail

4 cl Scotch Whisky

2 cl Drambuie

Die Zutaten der Reihe nach
in ein Glas auf Eiswürfel gießen.
Umrühren.

Deko: Eine Maraschinokirsche
mit Stiel in das Glas geben.

It was a very black period in my life.
Religion didn't help. Psychiatry didn't help.
Transcendental meditation didn't help.
Yoga didn't help. But Whisky helped a little.

Stinger Brandy

4 cl Brandy
2 cl Bols Crème de Menthe (weiß)

Die Zutaten in ein Glas auf Eiswürfel gießen.

Umrühren.

Auch auf crushed ice möglich. (Trinkhalm)

Cigolo

3 cl Ramo d'Oro (Zitronenlikör)
3 cl Wodka
2 cl Roses Lime Juice

Im Shaker schütteln.

In das vorgekühlte Glas abseihen.

Deko: Mit einer Limettenzeste abspritzen und diese hineingeben.

*Der Rausch hat nicht immer dieselbe Farbe.
Es gibt die Angst vor dem Rausch; es gibt den Genuß,
es gibt seine lächerliche, aber auch seine dunkle Seite.*
— Sir John Falstaff

Love Affair

Im Shaker schütteln.

2 cl Limettensaft, frisch gepreßt

In das zu 1/3 mit crushed ice gefüllte Glas abseihen.

1 cl Mangosirup Riemerschmid

12 cl Orangensaft

Ein Limettenviertel über dem Drink

2 cl Bols Maracuja Sun

auspressen und in das Glas geben.

4 cl Tequila Silla

Trinkhalm

Die Liebe ist bekanntlich aus einem, wenn es die große ist, auch aus zwei Teilen Bitternis, drei Teilen Süße und einem zarten Hauch von Beschwipstheit hergestellt.

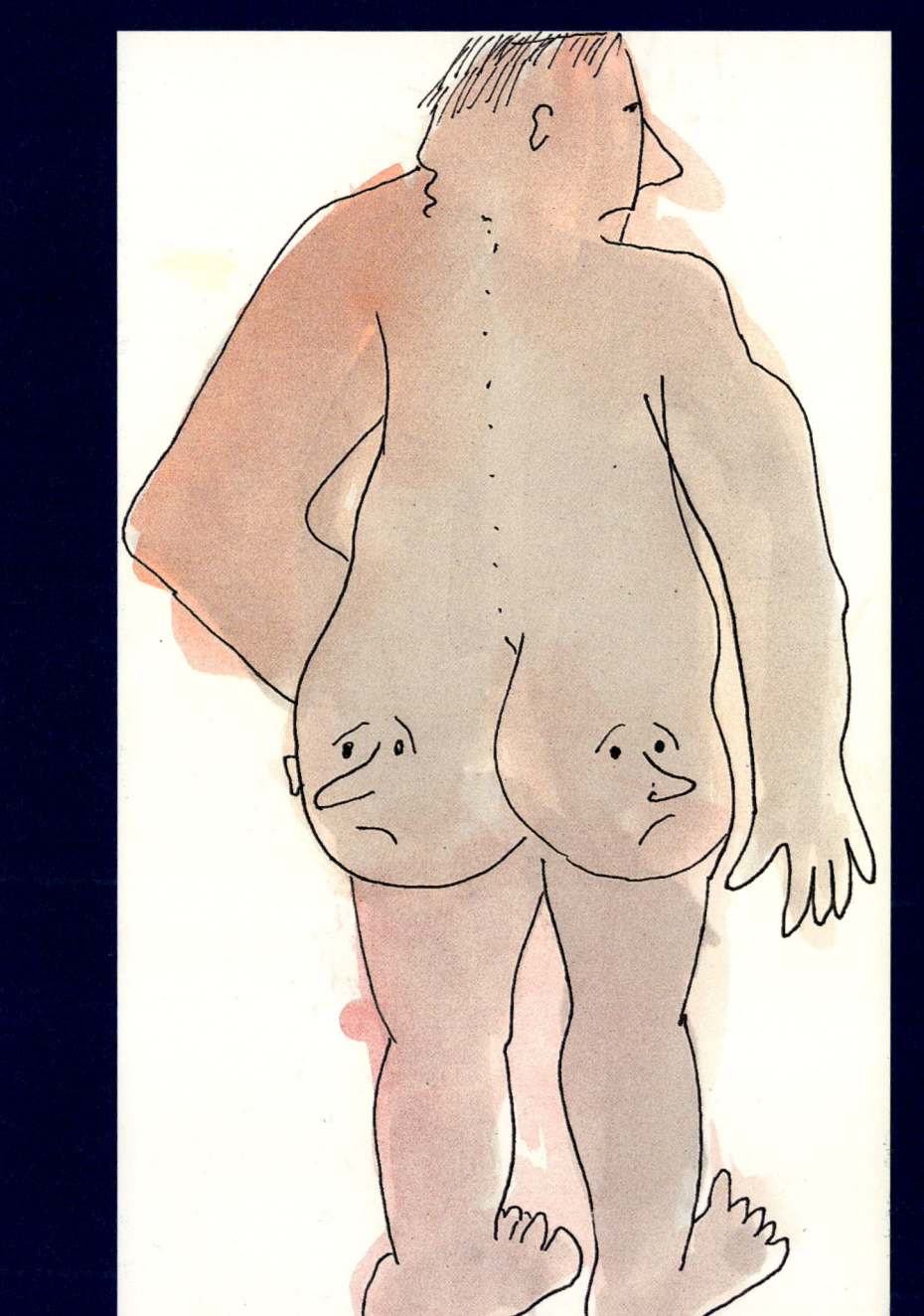

B 52

Die Zutaten nacheinander vorsichtig über einen Löffelrücken in das Glas gießen, so daß sie sich nicht vermischen und somit drei Farbschichten bestehen bleiben.

Anzünden, Trinkhalm

3 cl Wodka
3 cl Kahlúa
3 cl Sahne

Lumumba

Heiße Scholkolade mit Rum verrühren.

Mit Sahnehaube servieren

1 Tasse heiße Schokolade
4 cl Captain Morgan Rum
geschlagene Sahne

Was süß schmeckt, wie die Rache, wird oft bitter beim Verdauen.
Shakespeare

White Russian

Wodka und Kahlúa
   3 cl Wodka Wyborowa
im Rührglas verrühren.
   3 cl Kahlúa
In das vorgekühlte Glas abseihen.
   3 cl Sahne
Die leicht geschlagene Sahne vorsichtig über einen Löffelrücken darübergießen, so daß sie sich nicht vermischt und somit zwei Farbschichten bestehen bleiben.

Black Russian

Im Glas auf
   4 cl Wodka
Eiswürfeln verrühren.
   2 cl Kahlúa

Wie kannst du hoffen, die Schönheit einer alten Frau aus Tarasco, die um sieben Uhr morgens Domino spielt, zu begreifen, wenn du nicht so trinkst wie ich?
Malcolm Lowry

Teufelstrank

2 cl Zitronensaft, frisch gepreßt
2 cl Cherry Brandy
12 cl Ananassaft
1 Spritzer Grenadinesirup
4 cl Teufelswasser

Im Shaker schütteln.
In das zu 1/3 mit Eiswürfeln
gefüllte Glas abseihen.
Deko: Einen Zweig frische Minze
in den Drink stecken.
Trinkhalm

Mix mir den Drink, zauber mir den Saft,
der das Gute will und das Böse schafft.
Udo Lindenberg, frei nach Goethe

Zombie

1 cl Zitronensaft, frisch gepreßt
0,5 cl Grenadinesirup
4 cl Orangensaft
4 cl Hitchcock Ananassaft
3 cl weißer Rum
3 cl Myers's Rum
2 cl Captain Morgan Rum (73%)
2 cl Bols Cherry Brandy

Im Shaker schütteln.
In das zu 1/3 mit crushed ice gefüllte Glas abseihen.
Deko: Ein Limettenviertel über dem Drink auspressen und in das Glas geben.
Trinkhalm

Ein guter Rausch ist wie das Rauschen, das bei Wind durch Bäume und Gräser geht – er bewegt und fördert das Fühlen.
Hanjo Seißler

Titanic Sundown

6 cl Maracujasaft
0,5 cl Grenadinesirup
2 cl weißer Rum
4 cl Myers's Rum
2 cl Triple Sec Curaçao

Im Shaker schütteln.
In das zu 1/3 mit Eiswürfeln gefüllte Glas abseihen.
Deko: Ein Limettenviertel über dem Drink auspressen und hineingeben.
Deko: 1/2 Orangenscheibe und eine Maraschinokirsche mit Stiel in den Drink geben.

Trinkhalm

Schreiben ist eine Form von Exhibitionismus, Alkohol fördert ihn.
Schreiben betrifft die Phantasie, Alkohol ist ihr Treibstoff.
Schreiben verlangt Konzentration, Alkohol entspannt.
Donald W. Goodwin (amerikanischer Psychiater)

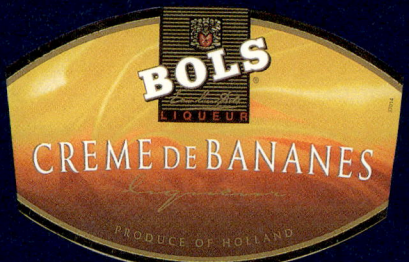

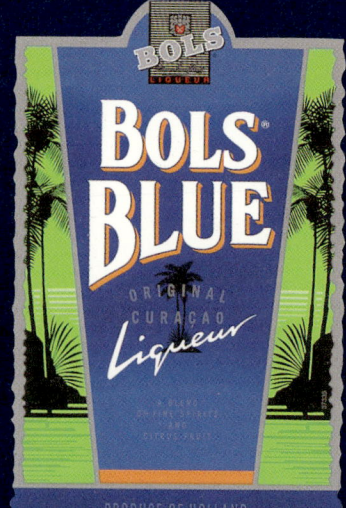
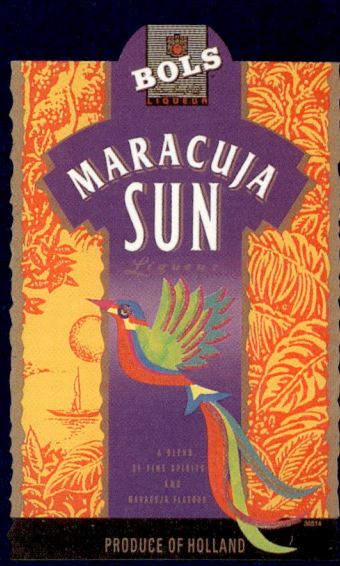

Cherry Brandy
Apricot Brandy
Green Banana
Triple Sec Curaçao
Bols Blue
Kontiki Red Orange
Creme de Cacao
Creme de Bananas
Misty Pearl
Bols Maracuja Sun

Barkunde

Barutensilien

Barlöffel (Barspoon)
Langstieliger Löffel (0,5 cl Inhalt)

Meßbecher
Barmaß für 2 cl und 4 cl (1 cl = 10 g)

Barsieb (strainer)
Ein kleines für Shaker oder Rührglas, ein großes für Mixer oder Blender

Eisschaufel
Kleine Eisschaufel mit Löchern für ca. 6 Eßlöffel crushed ice

Trinkhalm
Dick, nicht knickbar und auf die gewünschte Länge kürzbar (mit Schere)
Bei Drinks ohne Eis keinen Trinkhalm verwenden!

Messer (groß und klein)
Schneidebrett (mit Saftrille)
Eiszange
Eiskübel (Behälter für Eiswürfel)
Früchtezange
Dashbottle (Spritzflasche)

Barhandwerkszeug und -geräte

Rührglas
Barglas oder mixing glass (meist von Martini)

Shaker (zweiteilig)
Aus Boston-Glas und Chrom oder beide Teile aus Silber

Blender
Drinks werden im Blender mittels Rührstab durchgemixt.

Mixer
Das Gerät mit eingebauten Messern hilft, die frischen Früchte vollständig zu pürieren.

Zitruspresse
Für Orangen-, Zitronen- und Limettensaft

Entsafter
Zum Entsaften von Karotten, Sellerie, Äpfeln usw.

Ice-crusher/Crush-ice-Maschine
Es gibt im Handel elektrische und mechanische Ice-crusher zu kaufen.

Achten Sie beim Einkauf der Bargeräte auf gute Qualität. Sie macht sich auf Dauer bezahlt.

Zutaten und Dekoration

Verwenden Sie qualitativ hochwertige Spirituosen, Liköre, Säfte usw., denn ein Drink ist nur so gut, wie seine Zutaten es erlauben!

Säfte
Bei den verwendeten Grundsäften handelt es sich ausschließlich um frisch gepreßte Säfte von Zitronen, Limetten und Orangen (keine Blutorangen).

Früchte
Nur frisches, reifes Obst verwenden.

Fruchtdekorationen
Nur mit frischen Früchten dekorieren (zum Mitessen). Nicht zu üppig – ein Drink ist kein Obstsalat!

Maraschinokirschen
(Mit oder ohne Stiel)

Zesten (Twists)
Orangen-, Zitronen- und Limettenschalen ungespritzt (ohne Fruchtfleisch). Sie erhalten hocharomatische ätherische Öle.

Crushed ice
Gestoßenes und gemahlenes Eis mit feiner Körnung

Drinks zubereiten/Mixen von Drinks

im Glas direkt
Zutaten im Glas auf Eiswürfel gießen und verrühren

im Rührglas rühren
Das Rührglas zu 2/3 mit Eiswürfeln füllen. Die Zutaten mit dem Barlöffel auf Eiswürfeln kurz und kräftig verrühren, damit der Drink nicht verwässert. Anschließend durch ein Barsieb in das Glas abseihen.

im Shaker schütteln
Den Shaker zu 2/3 mit Eiswürfeln füllen. Die Zutaten auf Eiswürfeln kurz und kräftig schütteln, damit der Drink nicht verwässert. Anschließend durch ein Barsieb in das Glas abseihen.
»Schüttle den Shaker, nicht dich selber!«

im Blender mixen
Mit crushed ice mixen.
Für besonders schaumige und exotische Drinks

im Mixer durchmixen
Bei Drinks mit frischen Früchten oder Eigelb mit 1–2 Eiswürfeln, bei Frozen Drinks mit crushed ice. Den Mixer jeweils so lange laufen lassen, bis die Früchte püriert sind bzw. das Eis vollständig zerkleinert ist, und das Ganze eine homogene Flüssigkeit bildet.

Champagner-Früchte-Rührglas
Früchtemus (z.B. Erdbeermus) mit etwas Champagner auf Eiswürfeln verrühren, durch ein Barsieb in das Glas abseihen und mit Champagner auffüllen (es schäumt nicht und das Mus setzt sich nicht ab).

Gläser vorkühlen
Im Tiefkühlfach oder mit Eis füllen (vor dem Eingießen das Eis ausschütten)

Drinks kalt servieren
Nichts ist schlimmer als ein lauwarmer Drink. Servieren Sie deshalb mit Eiswürfeln, mit crushed ice oder im vorgekühlten Glas ohne Eis.

Drinks sofort genießen
»Genieße den Drink, solange er dich noch anlächelt!«
Die Drinks sollten sofort nach der Zubereitung, solange sie noch kühl und frisch sind, getrunken bzw. genossen werden.

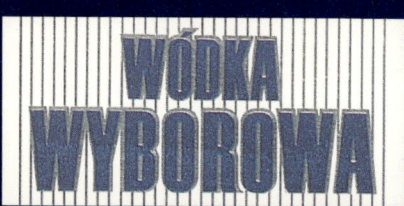

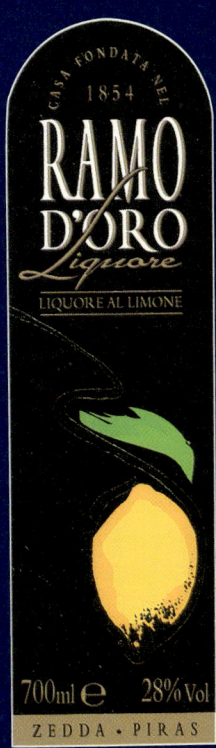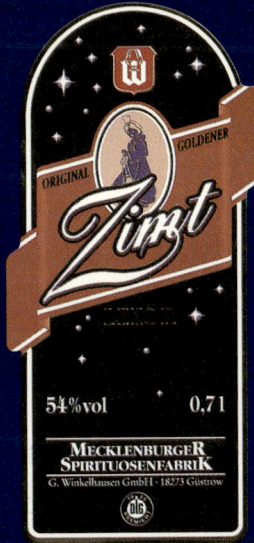

Register

Alexander *120*	Bloody Mary *24*	Campari Orange *98*
Americano *92*	Blue Champagne *94*	Campari Shakerato *98*
Apotheke *26*	Bodyguard *12*	Canadian Sour *112*
Aprikot Fizz *55*	Bols Blue Bay *82*	Cardinal *108*
Averna Sour *109*	Bronx Dry *96*	Champagne Andrea
B 52 *142*	Bronx Medium *96*	Doria *78*
Banana Daiquiri *67*	Bronx Sweet *96*	Champagne Picasso *30*
Bananen Flip *132*	Bronx-Perfect *96*	Champagner Cocktail *100*
Batida de Coco *62*	Bull Shot *20*	Cigolo *138*
Batida originale *62*	Cacao Flip *132*	Clover Club *102*
Bellini *28*	Caipirinha *74*	Coconut Kiss *14*
Black Lemon *82*	Caipirinha all'Ernesto *74*	Cool Man *84*
Black Russian *143*	Caipiroska *74*	Cuba Libre *33*

Cup Royal 114	Goya 72	Litchi Dream 56
Daiquiri 64	Grashopper 126	Long Island Ice Tea 122
Dark Caipirinha 74	Harvey Wallbanger 34	Love Affair 140
Dry Martini 90	Horse's Neck 36	Lumumba 142
El Panico 136	Irish Coffe 60	Magic 54
Ernest's Ladykiller 130	Jetlag 18	Mai Tai 68
Fellini 52	Joe Collins 47	Mandarinetto 115
French 75 104	Joggtail 8	Mango Mix 16
Frozen Daiquiri 66	Katerkiller 18	Manhattan 106
Frozen Margarita 80	Kir 100	Manhattan Dry 106
Gimlet 124	Kir Royal 100	Margarita 80
Gin Fizz 32	Lechthalers Apotheke 26	Martini Dry Cocktail 90
Golden Cadillac 125	Lechthalers Gimlet 124	Mint Julep Bourbon 38
Golden Dream 125	Lechthalers Katerkiller 18	Mojito 40
Golden Globe 76	Lechthalers Tropical 110	Negroni 108

Old Fashioned
Bourbon 128
Pankow Punch 44
Passion Flower 116
Peach Daiquiri 67
Peach Margarita 81
Pimm's Cup 36
Piña Colada 70
Pink Lady 102
Pisco Sour 109
Planters Punch 42
Porto Flip 132
Prince of Wales 134
Ramo d'Oro Sling 88
Rusty Nail 136

Scarlett O'Hara 73
Screwdriver 34
Sex on the Beach 58
Sidecar 133
Singapore Sling 46
Sportsman 10
Stinger Brandy 138
Strawberry Colada 70
Strawberry Daiquiri 67
Strawberry Margarita 81
Sunset 50
Swimming Pool 86
Teufelstrank 144
Tequila Sunrise 48
Titanic Sundown 148

Tom Collins 47
Udos Daiquiri 64
Udos pick me up 22
Udos Power Mix 17
Venezia 114
Virgin Mary 24
Vitamin Schock 17
Whiskey Sour
Bourbon 112
White Lady 133
White Russian 143
Wodka Gimlet 124
Ziegler's Kaffee 60
Zimtstange 126
Zombie 146

Die Gläser der Profiserie *Vino Grande* aus *Spiegelau* erfüllen höchste Ansprüche.
Sie wurden mit namhaften Getränkespezialisten entwickelt und Glas für Glas auf die beabsichtigte Funktion hin gestaltet.
Das Echtkristall der *Vino Grande* Gläser ist von höchster Qualität, daher auch das brillante Aussehen und die hohe Gebrauchsfestigkeit. Diese Glasserie findet man in den besten Restaurants und Bars. Gleichzeitig haben diese Gläser auch bei den Privatverbrauchern großes Interesse gefunden.

SPIEGELAU
Echtkristall

Saftglas

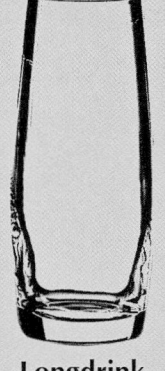

On the Rocks

Longdrink

Rotwein-Ballon

Weißweinglas

Sektschale

Sektkelch